Gerd-Dieter Maseberg

Dank der Liebe

mit Fotos von Heiko Lüddemann

Texte: Gerd-Dieter Maseberg
Fotos: Heiko Lüddemann

Dank der Liebe

durfte ich erfahren, was es heißt,
wenn das Herz anfängt anders zu schlagen
Die Schläge schwer und glücklich werden
Die Gedanken nur um Dich kreisen
Die Berührungen,
ein Gefühl der Freude in mir auslösen.
Die Gespräche mit Dir,
meinen Geist und meine Entwicklung fördert
Deine Schulter mir die Sicherheit gibt,
der sein zu dürfen, der ich bin.
Der Streit mit Dir zur Freude wir.
Ich darf durch Dich lernen.
Was ist es was dieses auslöst?
Ich bezeichne es als die große und glückliche Freiheit
der mächtigen Liebe zu Dir.

Die Wahrheit

Wer bin ich?
Ist das die Wahrheit oder Lüge!
Darf ich überhaupt sein
oder bin ich nur eine Illusion!

Illusionen sind schön und wahr
oder sind sie auch nur eine Lüge!
Ich schreibe der Wahrheit wegen
oder ist auch dieses eine Lüge!

Die Lüge ist schön,
denn alle haben sie mir beigebracht.

Was alle tun, muß ja wahr sein!
die Lüge ist so leicht zu verstehen,
wir tun es doch alle, also auch ich.

Die Wahrheit bringt alle durcheinander.
Auch mich, denn die Wahrheit tut sehr weh
und wer möchte sich schon weh tun,
also bleibe ich bei der Lüge,
auch wenn ich mich dadurch selbst betrüge.

Freund fürs Leben

Wir saßen immer an der Theke ganz links,
damit uns auch alle sehen konnten.
Die Gespräche waren sehr tiefsinnig.
Über unsere beruflichen Erfolge,
über das neue Auto oder welche Frau
gerade hinter uns her war.

Wir diskutierten immer sehr laut
und aufgebracht,
damit uns auch alle hörten.
Wir waren ja Freunde fürs Leben.
Wir waren reich an Gesprächen,
uns ging nie der Stoff aus.

Ich mußte zur Bundeswehr
und war gleich ein hohes Tier.
Er mußte nicht hin und konnte
somit nicht mehr mithalten.

Seine Wohnung, die Frauen, das Auto,
alles wurde größer und noch schöner.
Nur ich habe nie etwas davon gesehen.
Wir waren ja Freunde fürs Leben
und ich, der Gefreite,
konnte ihn nicht mehr verstehen.

Tränen des Selbstbetruges

Indianerherz kennt keinen Schmerz!
Dieser Satz wurde durch Schläge und Verachtung,
mir, dem Kind, eingeimpft.
John Wayne durfte nicht weinen.
Humphrey Bogart durfte nicht weinen.
Vincent van Gogh konnte nicht mehr weinen.

Ich durfte nicht weinen und nachher
konnte ich nicht mehr weinen.
Ich war ein Großer,
der nicht mehr weinen konnte.
Der Selbstbetrug ist zum Weinen.
Ich darf aber nicht weinen.
Selbstbetrug ist zum Weinen,
nur ich kann nicht mehr weinen.

Selbstbetrug ist also schön und ich sollte lachen,
ich kann nur nicht mehr lachen.
Wie sollte ich auch lachen können,
wenn ich auch nicht weinen kann.
Tränen sind Schwäche und ich darf nicht schwach sein,
sonst droht mir ja Strafe.
Was darf ich, wenn ich nicht weinen und lachen darf.
Weine nach innen und zeige es keinem,
dann bist Du auch nicht schwach.

Die Vernunft

Ich bin die Vernunft meines eigenen Lebens.
Als Kind sagte man mir: „Sei vernünftig!"
Ich erlernte die Vernunft der Gesellschaft.
Ich bin ein gesellschaftlicher Vernunftmensch geworden.

Die Vernunft brachte mich dazu, mich nicht zu kennen.
Die Vernunft gab mir meine Krankheit.
Die Vernunft der Gesellschaft gab mir meine freie Meinung.
Die Vernunft brachte mich dahin, wo ich nie hinwollte.

Die eigene Vernunft, die ich erlernen durfte, brachte mich dahin,
wo ich schon immer hinwollte.
Finde die Vernunft,
die zu Dir und Deinem Charakter gehört.
Übe Toleranz mit der Vernunft der Gesellschaft,
denn ein Teil ihrer Vernunft könnte zu Dir passen.

Ich möchte

Ich möchte mir nicht selbst sagen müssen,
daß ich ein Angeber und Prahlhans bin,
nichts als eine leere Hülle.
Denn niemals kann ich mich vor mir selbst verstecken.

Ich erblicke, was andere niemals sehen können.
Ich weiß, was andere niemals wissen können.
Niemals kann ich mich selbst betrügen und darum möchte ich,
was immer auch geschehen möge,
mich selbst achten können und ein reines Gewissen haben.

Ich selbst muß mit mir leben und darum möchte ich
imstande sein, mich selbst zu erkennen.
Ich möchte fähig sein,
mir täglich immer ins Auge zu schauen.
Ich möchte bei Sonnenuntergang bestehen können
und mich nicht selbst hassen müssen,
für das, was ich versprochen habe.

Ich möchte mit erhobenem Haupt einhergehen dürfen.
Ich möchte der Achtung aller Menschen würdig sein.

Ich bin „In"

Jeden Tag sitze ich in meinem gemütlichen Wohnzimmer
und genieße die Stunden vor dem Fernseher.
Die Filme und Serien prasseln nur so auf mich ein.

Ich will ja „In" sein.
Morgen früh geht ja die Diskussion wieder los.
Welcher Film hat mich am besten angemacht.
Wo war ich am traurigsten und wo am brutalsten.
Ja ja, heute abend, wißt Ihr es schon, gibt es einen Horrorthriller.
Mein Sohn hat es mir erzählt.
Gott sei Dank, der Abend ist gerettet, die Nacht wird unruhig,
aber ich bin ja „In".
Mein Sohn hat zwar Schwierigkeiten beim Einschlafen
und leidet auch sonst unter Schlafstörungen,
er soll ja „In" sein.
Unsere Gespräche richten wir genau nach den Dialogen
unserer Lieblingsserien
wir wollen ja „In" sein.

Ich finde es richtig schön, daß ich heute mein Leben
selbst gestalten kann
und nicht von irgend etwas abhängig bin.

Computerakrobatik

Der Computer ist das Spielzeug meiner selbst.
Ich spiele wenn es die Zeit erlaubt.
Die Finger springen nur so über die Tastatur,
sie kennen keine Ruhe,
sie müssen unermüdlich
auf die Tasten einschlagen.

Die Gelenke tun schon weh,
nur weiter, immer weiter
geht das Rumgekloppe.
Auf dem Bildschirm blinkt es
in allen Farben.
Der Kopf schmerzt,
nur weiter, immer weiter,
wer von uns ist der Stärkere.

Die Kräfte schwinden, die Augen schmerzen,
der Nacken wird steif,
nur weiter, immer weiter geht das Gekloppe,
Du willst ja der Sieger sein und nicht er.
Erst der Mensch, dann die Maschine.
Das stimmt nicht mehr.
Heute heißt es nur noch, erst die Maschine, dann der Mensch.
Ich erkenne die Reihenfolge nicht mehr,
denn sie hat mich voll im Griff.

Schreibtisch-Illusionen

Was macht dieser Mann denn da?
Er belädt mich mit tausend Dingen,
wie Papier, Schreiber, Lineal und anderen Sachen.
Wozu braucht er dieses?
Er kann ja doch nicht damit umgehen.
Jetzt fängt der auch noch an,
mich anzufassen und zu beschmieren.
Na gut, er beschmiert das Papier,
aber ich muß es trotzdem aushalten.
Warum wackelt er denn immer hin und her?
Kann er sich nicht ruhig verhalten!
Was nuschelt er denn da in seinen Bart,
etwas von Ideen und Phantasie,
die er auf mich abladen will.
Ich kann es nicht zulassen.
Leider kann ich mich nicht wehren,
mir schenkt man sowieso keine Aufmerksamkeit.
Ich werde nur benutzt, und irgendwann,
wenn ich nicht mehr gebraucht werde,
komme ich auf den Sperrmüll.
Ich brauche auch Liebe und Pflege,
doch er erkennt es nicht.
Wie sollte er auch!

Wer?

Jeder fragt uns, wer bist Du,
und Du antwortest mit Deinem Namen.
Die Frage lautet aber: wer bist Du
und nicht, wie heißt Du!
Keiner ist bereit, einen kleinen Teil seines
Ichs nach außen zu geben.
Liegt es an der Angst, daß der Andere
einen vielleicht kennenlernen und
auch eine Schwäche herausfinden könnte.
Schwäche, die nach außen dringt, ist doch eine Stärke.
Wir müssen lernen,
daß wir nur Hilfe für unsere Probleme bekommen,
wenn wir bereit sind uns gegenüber Anderen zu öffnen.
Wir möchten doch an Freiheit gewinnen
und verlieren immer mehr,
da wir nicht bereit sind uns zu öffnen.
Wir werden feststellen,
daß wir von unserem Gesprächspartner
ernst genommen werden,
wenn wir ihm die Chance geben,
uns näher kennenzulernen und
seine Hilfe ernsthaft in Anspruch nehmen.

Wer gibt Dir das Recht, den Anderen zu kritisieren.
Wer gibt Dir das Recht, den Anderen zu schlagen.
Wer gibt Dir das Recht, den Anderen zu tadeln.
Wer gibt Dir das Recht, den Anderen zu mißhandeln.

Du hast gesagt, ich liebe Dich.
Du hast gesagt, ich achte Dich.
Du hast gesagt, ich respektiere Dich.
Du hast gesagt, Du bist ein Kind der Liebe.

Was ist die Wahrheit und was ist die Lüge?
Ich kann es Dir nicht sagen:
„Die Antwort kennst nur Du allein!"

Durch die Ehrlichkeit sich selbst gegenüber
wirst Du sie finden.
Keiner wird Deine gefundene Ehrlichkeit als Waffe nehmen,
sondern Dir die Kraft geben,
den gefundenen Weg weiter zu gehen.

Die Trauer um die eigene Person
ist ein Gefühl, welches von uns verkehrt verstanden wird.
Es ist das Gefühl der Enttäuschung
gegenüber einer Sache,
die wir nicht mit beeinflussen konnten.
Die einzige Frage, die gestellt werden sollte,
ist doch die: „Bin ich dafür verantwortlich?"

Meistens bin ich dafür nicht verantwortlich.
Warum also diese Trauer,
wenn wir dafür nicht verantwortlich sind.

Die Zeit, die wir damit verbringen, wird uns einmal fehlen.

Der Dirigent

Du bist der Dirigent Deines Lebens
und nur für Dich verantwortlich.

Dein Orchester ist Dein tägliches Leben
und nicht das anderer Menschen.

Deine Notenblätter werden von Dir selbst beschrieben
und nicht von anderen Dirigenten.

Du schreibst Deine eigene Ouvertüre und dirigierst sie selbst
und das nun schon seit einigen Jahren.

Du bist ein wunderbarer, auch mal wundersamer Dirigent,
und Deine Musik klingt wunderbar in meinen Ohren.

Du sollst heute dafür mit dem Diplom des Lebens
ausgezeichnet werden und es immer in Ehren tragen.

Es wird in der heutigen Zeit des öfteren vergessen,
den Mut aufzubringen, Dinge zu ändern,
die wir ändern können,
sondern viel Zeit aufgewandt,
seine Meinung mit Sturheit und Verbissenheit durchzuführen,
auch wenn wir auf halben Weg erkennen,
daß unser Weg nicht der richtige ist.

Wir fragen uns immer wieder: „Warum?"
Sind wir in der heutigen Zeit nicht mehr in der Lage,
uns in Demut zu üben?
Demut ist der Inbegriff für innere Freiheit.

Wir haben somit die Macht in unseren Händen,
uns die nötige Freiheit zu nehmen, Demut zu üben.

Warum feiert jemand Geburtstag
und erfreut sich nicht an jedem Tag, den er leben darf.

Der Tag der Geburt ist schon etwas Besonderes!
Für uns ist es selbstverständlich, daß wir jeden Tag
neu erleben dürfen.

Wir nehmen alles selbstverständlich hin
und haben dadurch unsere Freude am Leben verloren.

Wo sind die kleinen Freuden des Tages,
an denen wir reifen und wachsen können?

Sie sind direkt vor unserer Nase,
nur wir können sie nicht sehen,
da wir mit der Blindheit behaftet sind.

Die Stimme

Merkwürdig, immer wieder höre ich Geräusche in meinem Ohr.
Die Geräusche wollen mir etwas mitteilen,
was ich nur nicht verstehen kann,
denn ich spreche nicht ihre Sprache.
Je häufiger ich diese Töne höre,
umso besser kann ich sie für mich verstehen.
Die Töne haben sich mit der Zeit
in eine wunderschöne Stimme verwandelt,
mit der ich mich unterhalten kann.
Die Stimme, die ich höre, ist sehr fein und liebevoll.
Ich habe nicht gewußt, daß der Klang einer Stimme
mir soviel Ruhe, Geborgenheit und Zuversicht geben kann.

In vielen Situationen des Lebens
habe ich nach dieser Stimme gerufen.
Sie hat mich nicht gehört!
Es fehlte mir an Ruhe und Frieden, um sie zu hören,
denn sie ist immer allgegenwärtig.
Lerne der Stimme zu vertrauen,
sie wird Dir die Kraft geben,
um im Leben die gewünschte Zufriedenheit zu finden.
Lausche und höre, was der „kleine Mann im Ohr"
Dir sagen möchte und sei ehrlich,
dann ist die Zufriedenheit in Dir.

Lasse Dein Herz sprechen
und lausche auf die Antwort.

Es gibt Dir auf alle Fragen
die richtige Antwort.

Erscheint Dir etwas unerhört,
bist tiefsten Herzens Du empört,
bäume nicht auf, versuche es nicht mit Streit,
berühre es nicht - überlaß es der Zeit.

Am ersten Tag wirst Du feige Dich schelten.
Am zweiten Tag läßt Du Dein Schweigen schon gelten.
Am dritten hast Du es überwunden –
alles ist wichtig – doch nur auf Stunden.

Ärger ist Scheiße und Lebensvergifter,
Zeit ist Balsam und Friedensstifter.

Heute
- ein unfehlbares Rezept -

Ich verbanne alle Gedanken aus meinem Kopf bis auf einen:
Heute!!!
Und was damit anzufangen ist.
Dieser Tag gehört mir. Er ist einmalig.
Niemand auf der Welt hat einen Tag,
der meinem gleichkommt.
Er enthält die Summe aller meiner
Erfahrungen und zukünftigen Möglichkeiten.

Er gehört mir und ich kann ihn mit frohen Augenblicken
ausfüllen oder mit unnützen Sorgen zunichtemachen.
Wenn mir schmerzlich Erinnerungen aus der Vergangenheit
in den Sinn kommen oder ängstliche Befürchtungen
vor der Zukunft, so will ich sie unterdrücken und
bekennend mit positiven Gedanken verdrängen.

Kein negativer Gedanke kann mir diesen Tag verderben.
„Dieser Tag ist mein besonderes Geschenk von Gott.
Ich lasse ihn nicht durch Negatives beeinflussen.
So wird er ruhig, friedvoll, erfüllt und fröhlich für mich sein!"

Niemals!

Versuche niemals, alles zu verstehen,
manches wird nie viel Sinn machen.
Sträube Dich niemals, Deine Gefühle zu zeigen
wenn Du glücklich bist, zeige sie.
Wenn Du es nicht bist, finde Dich damit ab!
Scheue Dich niemals davor etwas zu verbessern,
die Ergebnisse könnten Dich überraschen.
Lade niemals die Last dieser Welt auf Deine Schultern.
Laß Dich niemals von der Zukunft einschüchtern,
lebe einen Tag nach dem anderen.
Fühle Dich niemals der Vergangenheit schuldig,
was geschehen ist, ist nicht mehr zu ändern.
Lerne aus Deinen Fehlern!
Fühle Dich niemals allein.
Es gibt immer jemanden, der für Dich da ist,
und an den Du Dich wenden kannst.

Vergiß niemals, daß alles, was Du Dir vorstellen kannst,
auch erreichbar ist.
Stell Dir vor: „Es ist nicht so schwer, wie es aussieht."
Höre niemals auf zu lieben!
Höre niemals auf zu glauben!
Höre niemals auf zu hoffen!
Höre niemals auf zu träumen!

Der Zahn der Zeit nagt an uns allen.
Wir können der Zeit nicht davonlaufen.
Wir müssen mit der Zeit leben.
Die Zeit ist unermeßlich,
wenn wir sie richtig einsetzen.

Wenn die Sonne untergeht,
braucht unsere Liebe
nicht mit unterzugehen.
Wie die Sonne wird unsere Liebe,
wenn sie einmal untergegangen ist,
wieder aufgehen.

Niemand kann Dir sagen, wer Du bist.
Niemand kann Deine Gedanken lesen.
Niemand kann Dir sagen:
„Ich liebe Dich, so wie Du."

Niemand hat Deine Stimme.
Niemand hat Deine Gefühle.
Niemand spürt Dein Leid.
Niemand kann sich so freuen, wie Du.
Niemand auf der Erde ist wie Du,
denn Du bist für Dich die Vollkommenheit in Person.

Das Alter des Lebens wird auch bei Dir
seine Spuren hinterlassen.

Jede Spur ist eine Erinnerung
Deines Lebens.

Sieh Dein Leben mit Deinen Augen,
und der Glanz wird nicht vergehen.

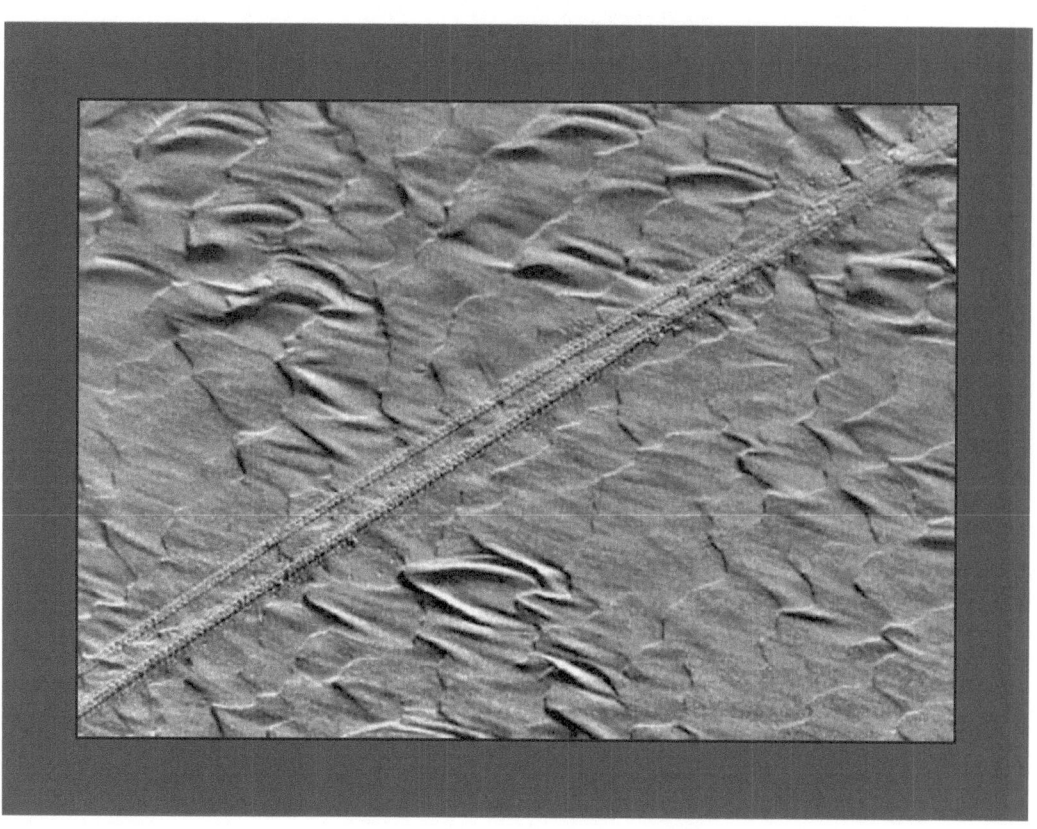

Der Baum

Ich bin der Baum des Lebens, der lernen mußte,
seine Aufgabe im Wald des Lebens wahrzunehmen.
Jeder Zweig ist ein Gefühl, welches zum Ast reifen muß.

Der Ast des Gefühls gewinnt mit den Jahren an Kraft,
je öfter ich dieses Gefühl auslebe.

Der Ast verliert mit der Zeit seine Kraft,
denn er gibt seine gewonnene Kraft
an die reifenden Äste weiter,
damit diese in ihrer ganzen Vielfalt
und Schönheit erblühen können.

Die Schönheit meiner Selbst in meiner Gesundheit
kann nur erblühen, wenn ich die Schönheit
des einzelnen Astes wahrnehme.

Ein Baum, der alleine steht,
ist größeren Gefahren ausgesetzt als ein Baum,
der in der Gemeinschaft steht.
Er wird beschützt und kann Schutz geben.

Ein Baum, der allein im Winde steht, wird brechen.

Die Natur zeigt uns ihre
vielfältige Schönheit.

Jede Jahreszeit besitzt ihre
eigene Schönheit.

So besitzt auch Du Deine
vielfältige Schönheit.

Lasse sie zu jeder Jahreszeit
zur Entfaltung kommen.

Eine Blume zeigt ihre ganze Schönheit
in der Helligkeit des Tages.

Sie ist ganz sie selbst.

Sei auch Du ganz bei Dir
und Deine ganze Schönheit
kommt zur Entfaltung.

Ich selbst muß mit mir leben,
und darum möchte ich imstande sein,
mich selbst zu erkennen.

Ich möchte fähig sein, mir tagtäglich
immer gerade ins Auge zu schauen.

Ich möchte bei Sonnenuntergang bestehen können
und mich nicht selbst hassen müssen,
für das, was ich versprochen habe.

Ich möchte mit erhobenem Haupt einhergehen dürfen.

Ich möchte der Achtung der Menschen würdig sein.

Die Gesichter des Lebens

Nicht jeder Tag des Lebens erfüllt die eigenen Erwartungen.
Nur wir bestimmen unsere eigenen Erwartungshaltungen.

Darum bedenke, auch wenn Du es einmal nicht
so besonders gut gemacht hast:
Die Maske des Lebens
brauchst Du deshalb nicht aufzusetzen.

Jeder Tag ist verschieden, mal zum Lachen
und mal zum Weinen.
Das Weinen sollte uns zeigen,
wie wichtig das Lachen für uns ist …

Lasse Dir nicht die Maske des Lebens aufsetzen,
sonst bist Du nicht mehr Du selbst.

Es gibt Tage, da sehen wir unser eigenes Glück nicht,
da wir nur das Schlechte sehen
und das Schöne außer acht lassen.

Das Glück eines jeden Tages liegt in Deinen Händen.
Halte es fest, denn es ist einmalig.
Jeder Tag ist anders und vergänglich,
nur Du kannst ihn für Dich gestalten.

Dein Herz hat sich aufgetan für die Vielfalt des Lebens.

Du wirst Dich fühlen wie in einem unbekanntem Zauberwald
und nicht wissen warum!

Es ist die Schönheit Deiner selbst, die Du erkannt hast.

Du bist der, der Du bist.

Du bist ein Original, auch wenn Dir
viele Dinge bekannt vorkommen.

Du mußt Deinen Weg alleine finden und gehen.

Du kannst andere um Rat fragen,
aber entscheiden mußt Du.

Zwei Menschen, die träumen,
können diesem Traum entgegengehen.

Großzügig wird jeder Traum erfüllt,
wenn sie nur fest daran glauben.

Wie auf Reisen, so auch im Leben packen wir zuviel ein.
Es sind Dinge, die völlig unnütz sind und uns nur belasten.
Wir tragen und tragen, und irgendwann werden wir an der
überflüssigen Last zusammenbrechen.

Lege den Ballast ab.

Danke, mein Freund

Dieses kleine Wort „Danke"
sagt mehr, als ich geglaubt habe.

Danke, daß ich Dein Freund sein darf.
Danke, daß ich einen Teil Deines Lebens mit Dir gehen darf.
Danke, daß Du mir Vertrauen schenkst.
Danke, Du hast mein Leben verschönert.
Danke, mein Freund für Deine Kritik.
Danke, daß Du an mich glaubst
und mir Deine Hilfe zukommen läßt.

Danke, daß ich meinen Weg weiter gehen durfte,
auch wenn er nicht immer der rechte gewesen ist.

Danke, mein Freund, daß es Dich gibt.

Deine Schmerzen und Ängste gehören Dir ganz allein.
Keiner kann sie so erleben wie Du.

Du wartest auf Hilfe Anderer,
nur keiner kann Dich so verstehen wie Du.
Andere leiden mit Dir, auch wenn Du es nicht siehst.

Durch Schmerz und Angst kannst Du die Tiefe
des Lebens erst verstehen.

Sieh in Dich und Du bist den Anderen sehr nahe.

Nimm Dich ernst und wichtig,
denn Du bist es wert.

Alle wollen nur nehmen,
und beim Geben vergessen sie sich.

Das Maß der Erinnerung

Du bringst Dich um Dein Leben,
Wenn Du den heutigen Tag
mit den Maßen der Erinnerung aufwiegst.
Lebe bewußt in der Gegenwart,
und schicke das Leben nicht fort –
vertröste es nicht auf morgen.
Dieser Tag ist ein guter Tag!
Mach diesen Tag zu einem guten Tag.
Auch morgen ist der Tag
nicht heller als heute.
Es liegt an Dir,
Du kannst ihn gestalten.
Es könnte sein,
der Tag versagt sich Dir – morgen.
Es könnte sein,
er läßt sich nicht mehr vertrösten,
irgendwann gelebt zu werden.
Es könnte sein,
er kehrt nicht zu Dir zurück.
Nimm das Geschenk des Lebens an:

Lebe heute!

Bist Du bei Dir,
brauchst Du keine Angst vor der Dunkelheit zu haben.
Die Angst Deiner Gefühle wird vergehen.
Die Vergangenheit,
die im Dunkeln schlummert,
kann nur im Hellen vergehen.

Deine Unsicherheit wird zur Sicherheit.
In Dir ruht die Schönheit und Helligkeit des Lebens.

Sei Du wie Du bist,
denn ich brauche Dich – nur Dich.

Die Zerstörung seiner Selbst
wird uns von der Natur vorgegeben.
Nicht sie zerstört sich,
sondern andere zerstören sie.

Die Natur besitzt nicht genügend Abwehrkräfte
und kann sich nicht wehren.

Wir können uns wehren
und brauchen uns nicht
zerstören zu lassen.

Du kannst „Ja" oder „Nein" sagen.
Du bist der Schlüssel zu Deinem Herzen.
Du hast Dein Leben in der Hand.

Lasse Dich nicht leiten von den Worten anderer,
denn es sind nicht Deine Worte.
Nimm die Gedanken Anderer nicht als Deine eigenen an.

Du hast eigene Gedanken,
und die bringen Dich
auf den richtigen Weg – nämlich auf Deinen Weg.

Der Herr mußte Beharrlichkeit zeigen,
um sein Werk in all seiner Schönheit
und Vielfalt zu verwirklichen.

Auch Du sollst Beharrlichkeit aufbringen,
um Deiner Selbst zu verwirklichen.

Das Leben wirft stetig
seinen Schatten voraus.

Der Schatten gehört zu Dir.

Ohne Schatten wärst Du ein „Nichts".

Ein Haus ist wie das Leben,
es muß gepflegt und instand gehalten werden.

Viele Dinge gehen kaputt.

Wie im Leben, können auch sie
wieder hergestellt werden.

Nur für Heute
möchte ich glücklich sein.

Nur für Heute
möchte ich meine Zufriedenheit genießen.

Nur für Heute
möchte ich meine Gefühle zeigen.

Nur für Heute
möchte ich mir Gedanken machen.

Nur für Heute
möchte ich meinen Mitmenschen zeigen, daß ich sie achte und respektiere.

Nur für Heute
möchte ich dem Herrn für alle Dinge danken.

Nur für Heute und nicht für Morgen oder Gestern
möchte ich empfinden, und sollte Heute zu lang sein,
dann Hier und Jetzt.

Das Alter des Lebens wird auch bei Dir
Spuren hinterlassen.

Jede Spur ist eine Erinnerung
Deines Lebens.

Sieh Dein Leben mit den Augen Gottes
und der Glanz wird nicht vergehen.

Unsere Liebe ist wie ein Wasserfall,
erst heftig, dann sanft.

Die Liebe ist die Quelle allen Ursprungs.
Es gibt keinen Fluß, der keine Quelle besitzt,
aus der er immer wieder trinken kann.

Laß uns die Quelle der Liebe erhalten,
sonst stirbt sie genauso wie der Fluß.

Wenn die Sonne untergeht,
braucht unsere Liebe
nicht mit unterzugehen.

Wie die Sonne wird unsere Liebe,
wenn sie einmal untergegangen ist,
wieder aufgehen.

Es gibt Tage, da sehen
wir unser eigenes Glück nicht,
da wir nur das Schlechte sehen
und das Schöne außer acht lassen.

Das Glück eines jeden Tages
liegt in Deinen Händen.

Halte es fest, denn es ist einmalig.

Jeder Tag ist anders und vergänglich,
nur Du kannst ihn für Dich gestalten.

Was Du erlebt hast,
hat Dich geprägt.

Es hat Dir viele Türen geöffnet
und viele verschlossen.

Die offenen Türen sind nur für Dich.

Durch Unentschlossenheit kannst
Du sie Dir wieder verschließen.

Halte die Tür des Lebens offen,
denn das ist Dein Beitrag zum Leben.

Stille und Ruhe sind die Gabe Gottes.

Sie sollen uns zeigen, daß Ruhepausen
genauso zum Leben gehören wie Streß.

In unserer schnellebigen Zeit ist es wichtig,
sich die Zeit zu nehmen, einmal einen Gang
langsamer zu laufen.

Maschinen, die immer auf Höchstleistung laufen,
haben keine lange Lebensdauer.

Unsere innere Maschine signalisiert uns,
wann wir eine Ruhepause brauchen,
wir hören dieses Signal nur nicht.

Der Herr hat uns gegeben
und wir haben genommen.

Wir werden geben,
damit andere nehmen.

Ist das Gefühl der Einsamkeit
nicht ein Gefühl der Stille und Ruhe?

Die Gedanken erst machen mich
einsam und allein.

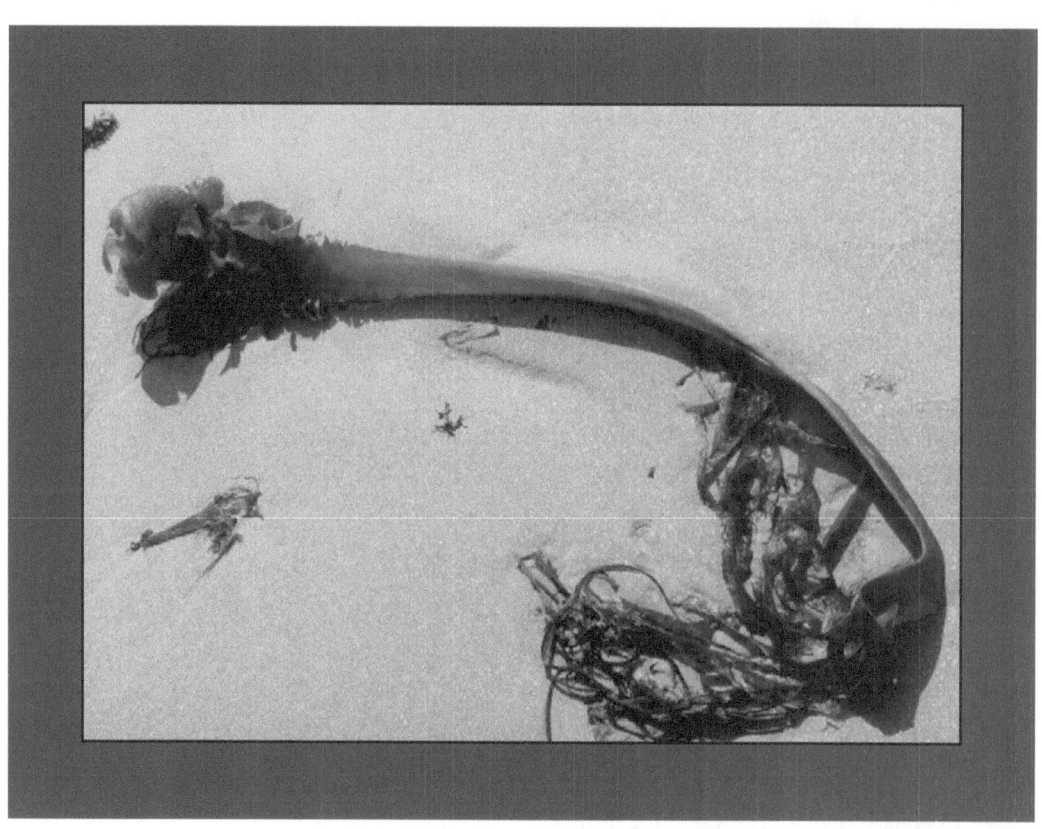

Danke, Gott,
für den Morgen,
der noch ganz jung und voller Möglichkeiten ist.

Ein neuer Morgen ist wie ein neues Leben.

Danke,
daß ich nicht jeden schlechten Tag
mit mir herumschleppe.

Danke,
daß ich eine neue Chance erhalten habe.

Danke,
daß mir der ruhige Schlaf die nötige Kraft
für diesen wundervollen Tag gibt.

Danke,
daß ich mich bester Gesundheit erfreuen kann.

Danke,
daß mir gute Freunde beistehen.

Danke,
daß Du mir in letzter Zeit zugehört hast.

Das kleine Wort Danke soll Dir sagen,
wie sehr ich Dich liebe.

Lebensgemeinschaft

Jeder verspricht dem anderen Vertrauen,
Achtung und Respekt beim Kennenlernen.

Wo bleibt das Vertrauen in der ersten großen Krise,
wer hält die Achtung für den Anderen aufrecht und
wo bleibt der nötige Respekt vor dem Anderen.

Die erste große Krise – und alle Vorsätze sind zunichte.
Jeder schätzt nur sich selbst und nimmt keine Rücksicht
auf die Gefühle des Anderen.

Die Lebensgemeinschaft zwischen den Menschen
kann so nicht funktionieren.

Der Macher und Trinker

Ich habe eine wunderschöne Frau.
Ich bin Besitzer eines Hauses.
Ich fahre ein großes Auto.
Ich habe gesunde Kinder.
Ich bin ein großer Macher und ein Trinker!
Ich kann meine Gefühle nicht zeigen,
sonst bin ich schwach.
Ich bringe meine Familie in den Abgrund.
Ich respektiere meine Mitmenschen nicht,
sonst könnten sie mich noch mögen.
Ich bin der große Macher und ein Trinker.
Ich darf nicht weinen!
Ich darf keine Gefühle zeigen!
Ich darf den Menschen nicht respektieren!
Ich darf nicht lieben!
Ich bin ja ein Macher und ein Trinker
und die machen so etwas nicht.

Heute bin ich ein zufriedener Mensch und brauche nicht mehr zu trinken.

Herstellung und Verlag: Books on Demand GmbH, Norderstedt
ISBN 3-8334-2039-1